D1833032

पाजी नज़्में

पाजी नज़्में

गुलज़ार

राधाकृष्ण प्रकाशन

ISBN : 978-81-8361-852-6

पाजी नज़्में

© गुलज़ार

पहला संस्करण : 2017
चौथा संस्करण : 2025

मूल्य : ₹395

प्रकाशक
राधाकृष्ण प्रकाशन प्राइवेट लिमिटेड
जी-17, जगतपुरी, दिल्ली-110 051

शाखाएँ : अशोक राजपथ, साइंस कॉलेज के सामने, पटना-800 006
पहली मंजिल, दरबारी बिल्डिंग, महात्मा गांधी मार्ग, प्रयागराज-211 001
1, अनमोल सोराबजी संतुक लेन, धोबी तलाव, मरीन लाइंस, मुम्बई-400 002

वेबसाइट : www.radhakrishanprakashan.com
ई-मेल : info@radhakrishanprakashan.com

मुद्रक
यश प्रिंटोग्राफिक्स
नोएडा-201 301 (उत्तर प्रदेश)

PAAJI NAZMEIN
by Gulzar

इस पुस्तक के सर्वाधिकार सुरक्षित हैं। लेखक की लिखित अनुमति के बिना इसके किसी भी अंश की, फोटोकॉपी एवं रिकॉर्डिंग सहित इलेक्ट्रॉनिक अथवा मशीनी, किसी भी माध्यम से अथवा ज्ञान के संग्रहण एवं पुन:प्रयोग की प्रणाली द्वारा, किसी भी रूप में, पुनरुत्पादित अथवा संचारित-प्रसारित नहीं किया जा सकता।

कहते हैं, कीचड़ में पत्थर मारो तो अपने ही मुँह पर आता है।
मैंने तो सोच कर मारा था,
मगर कुछ छींटे दूसरों के मुँह पर भी जा पड़े!
कान पकड़ के माफ़ी माँग ली।
ये सब 'करो और कान पकड़ लो' वाली नज़्में हैं।
पाजी इसलिए कि अक्सर गुद्दी पर धप् पड़ती है और
'धत् पाजी' की आवाज़ आती है।
हालाँकि मज़ा लो, तो इतनी पाजी भी नहीं हैं!

अनुक्रम

पाजी
नज़्में

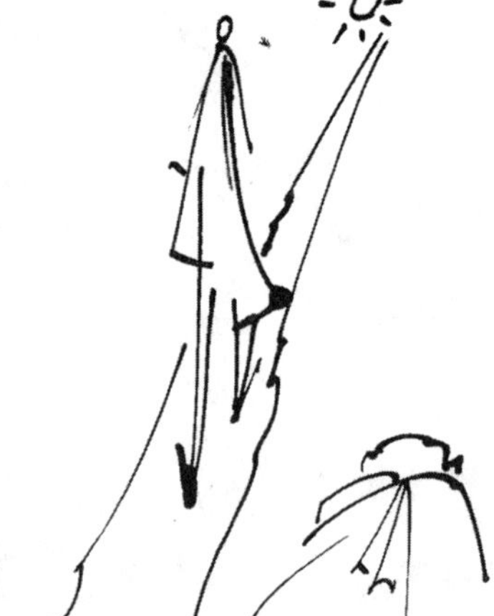

इक नज़्म मेरी चोरी कर ली कल रात किसी ने!

इक नज़्म मेरी चोरी कर ली कल रात किसी ने
यहीं पड़ी थी बालकनी में
गोल तपाई के ऊपर थी
व्हिस्की वाले ग्लास के नीचे रखी थी
शाम से बैठा,
नज़्म के हल्के-हल्के सिप मैं घोल रहा था होंटों में
शायद कोई फ़ोन आया था...
अन्दर जाके, लौटा तो फिर नज़्म वहाँ से ग़ायब थी
अब्र के ऊपर-नीचे देखा
सुर्ख़ शफ़क़ की जेब टटोली
झाँक के देखा पार उफ़क़ के
कहीं नज़र न आई, फिर वो नज़्म मुझे...

आधी रात आवाज़ सुनी, तो उठ के देखा
टाँग पे टाँग रखे, आकाश में
चाँद तरन्नुम में पढ़-पढ़ के
दुनिया-भर को अपनी कह के नज़्म सुनाने बैठा था!

चिपचे दूध से नहलाते हैं आँगन में खड़ा कर के तुम्हें

चिपचे दूध से नहलाते हैं आँगन में खड़ा कर के तुम्हें
शहद भी, तेल भी, हल्दी भी, न जाने क्या क्या
घोल के सर पे लँढाते हैं गिलसियाँ भर के...

औरतें गाती हैं जब तीवर सुरों में मिल कर
पाँव पर पाँव लगाये खड़े रहते हो इक पथराई–सी मुस्कान लिये
बुत नहीं हो तो, परेशानी तो होती होगी!

जब धुआँ देता, लगाता पुजारी
घी जलाता है कई तरह के छौंके देकर
इक ज़रा छींक ही दो तुम,
तो यक़ीं आये कि सब देख रहे हो!

मैं जितनी भी ज़बानें बोल सकता हूँ

मैं जितनी भी ज़बानें बोल सकता हूँ
वो सारी आज़माई हैं...
'ख़ुदा' ने एक भी समझी नहीं अब तक,
न वो गर्दन हिलाता है, न वो हंकारा ही देता है!

कुछ ऐसा सोच कर—
शायद फ़रिश्तों ही से पढ़वा ले,
कभी मैं चाँद की तख़्ती पे लिख देता हूँ, कोई शेर 'ग़ालिब' का
तो धो देता है या उसको कुतर के फाँक जाता है
पढ़ा-लिखा अगर होता ख़ुदा अपना...
न होती गुफ़्तगू, तो कम से कम, चिट्ठी का आना-जाना तो रहता!

उसने इतना तो कहा था...

उसने इतना तो कहा था कि इधर आओ तो फिर आना कभी
और इक लम्हा रुकी भी थी पलट जाने से पहले
वो निगाह आख़िरी भूला भी नहीं हूँ

रोज़ ही शाम को ये सोच के, कर लेता था इस्तरी मैं रेशमी कुर्ता
अब चला जाऊँ तो क्या हर्ज है आख़िर
उसने इतना तो कहा भी था, चले आना कभी!

वक़्त के साथ, वो आवाज़ मगर बीत गई
न मेरा जाना हुआ और न मिलना उससे
रेशमी कुर्ता कहीं मुचड़ा पड़ा है!

कारीगर जो हुनरमन्द हैं!

कारीगर जो हुनरमन्द हैं
औज़ार अपने-अपने रखते हैं
शीशे जड़ने वाला—कीलें और हथौड़ी
नाई—शीशा, उस्तरा, साबन
नाम जो लिखते हैं 'भाण्डों पर'
छेनी हथौड़ी झोले में रख लेते हैं

सितारनवाज़, मज़राब पहन लेते हैं अपनी उँगलियों में
मैं भी एक हुनरमन्द शायर और मोज़िज़ शहरी हूँ
लोग बुलाते हैं अक्सर उद्घाटन पर
सोचता हूँ इक कैंची और इक दियासलाई साथ रखूँ!

मेरे कान पे होंठ लगाकर

मेरे कान पे होंठ लगाकर
नज़्म इक, हल्की-हल्की साँसें फूँक रही थी
गोल-गोल, लिपटे-लिपटे कुछ मिसरे कान में डाल रही थी
इक दोस्त आया, और साथ की सीट पे बैठ गया

कुछ देर तो घुट के बैठी रही वो नज़्म बेचारी
फिर नुची-नुची सी ऊन के जैसी उधड़ने लगी
इतने ढेले पड़े बातों के
ग़ायब हुई जैसे ठुड्डे से धूल उड़ती है!

इश्क़ में 'रेफ़री' नहीं होता!

इश्क़ में 'रेफ़री' नहीं होता
'फ़ाउल' होते हैं बेशुमार मगर
'पेनल्टी कॉर्नर' नहीं मिलता!

दोनों टीमें जुनूँ में दौड़ती, दौड़ाये रहती हैं
छीना-झपटी भी, धौल-धप्पा भी
बात बात पे 'फ़्री किक' भी मार लेते हैं
और दोनों ही 'गोल' करते हैं!

इश्क़ में जो भी हो वो जाईज़ है
इश्क़ में 'रेफ़री' नहीं होता!

Pseudo Sir!

अल्फ़ाज़ बहुत हैं दोस्त तुम्हारी बातों में
ऊपर से गुज़र जाते हैं अक्सर
माथे से कम टकराते हैं
इक धूल-सी उड़ने लगती है आवाज़ों की
बड़े-बड़े भारी अल्फ़ाज़ हैं, बजते हैं
रौशनी करते हैं, बुझ जाते हैं
जैसे दीवाली गुज़री हो!
अगले दिन फिर जले अनारों के कूज़े
और फुलझड़ियों की राख हटानी पड़ती है!

चाय!

होंठों से जब चूम के देखोगे, तब जानोगे
अच्छी चाय क्या होती है

एक पहाड़ी धूप का रंग
दूजे भाप से उड़ती ख़ुश्बू
बिना तकल्लुफ़ नाक को छू के
अपने आप तआरुफ़ करवाती है

चाय का भी तो अपना एक मिज़ाज होता है
आग पसन्द नहीं है उसको
उबला-उबला पानी डालो—
बन्द कैटल में बैठ के उसमें घुल जाती है
रंग आ जाता है चेहरे पर

तीन-तीन सिंगार हैं इसके...
दूध का छुवां, चुटकी-भर सिन्दूर के जैसा
या एक 'त्राशा' निम्बू का, मुस्कान के जितना
वरना कोरी कुँवारी चाय चूम के देखो
महकी-महकी साँसों से जब नाक छुएगी
पता चलेगा...अच्छी चाय क्या होती है!

वक़्त

वक़्त काटना क्या मुश्किल है?
एक घंटे को आधा–आधा कर के दो हिस्सों में काट लो पहले
उसको फिर से आधा कर लो तो...
पन्द्रह मिनट हैं!

पन्द्रह मिनट को तीन हिस्सों में काटो
पाँच मिनट के तीन हिस्से बचते हैं...
पाँच को काटो तीन और दो
दो के फिर दो...
एक बचेगा!...

दो घंटे से लेट है फ़्लाइट
एयरपोर्ट पर बैठा वक़्त को काट रहा हूँ!

मकालमा!

''सर जी! ये औज़ार नया मँगवाना होगा
रेंच (wrench) है सर जी! चूड़ियाँ इसकी घिसते-घिसते उतर गई हैं
हैंडल में भी प्ले है! ढब्री छूट जाती है
ज़ोर लगाओ तो ये रेंच सटक जाता है!''

''पर्चेज़ ऑफ़ीसर[1] से कह दो और दूसरा ले लो।''
''इसका क्या करना है सर जी?''
''ख़ारिज कर दो, करना क्या है? जंक रूम[2] में जमा करा दो।''

''सेथू से अब काम नहीं हो पाता सर जी!
हाथ भी उसके काँपते हैं और हैंडल हाथ से छुट जाता है।''
''बरख़ास्त करो और मैनेजर से कह के कोई दूसरा रख लो!''

---

1. Purchase Officer.
2. Junk room.

सॉरी सर!

बड़े बेज़ायक़ा से लफ़्ज़ भर जाते हैं कुछ मुँह में
कि जैसे मिट्टी भर जाए
या जैसे रेत फाँकी हो
निगल सकता हूँ, न मैं थूक सकता हूँ
मैं ख़ुद को लानतें देता हूँ,
मेरे होंट काग़ज़ के फटे टुकड़े की मानिन्द फड़फड़ाते हैं,
मुझे जब बेवजह अफ़सर से माफ़ी माँगनी पड़ती है दफ़्तर में!

वो इस्तीफ़ा देकर आया था

वो इस्तीफ़ा देकर आया था
मेज़ पे ज़ोर से हाथ मार के बोला
जैसे इक्का फेंका हो
''और नहीं इन्सान की नौकरी होती मुझसे
सब के सब 'एक्सप्लॉइट' करते हैं!''

पुरोहित है अब, वो...
भगवान 'एक्सप्लॉइट' करता है!

पाली–1

मैं और पाली[1] बालकनी में बैठे दोनों
रोड पे आती–जाती लड़कियाँ ताड़ा करते हैं
जुमले कसते हैं
मैं बोलता हूँ, वो भौंकता है

''इतनी लम्बी ऊँची औरत
नेकर में नंगी लगती है''—मैंने कहा
उसने कहा कि ''नेचुरल को नंगी कहते हो ?
मैं क्या तुम को नंगा लगता हूँ ?
भूऊँ-भूऊँ...''

पाली की बातों में काफ़ी 'लॉजिक' है
मुझ को अक्सर लाजवाब कर देता है

''देखो पाली, पारसी लेडी मोटी हो गई ''
''टॉमी रोज़ घुमाने ले जाता है लेकिन...कितना खाती है!''

1. पाली : मेरा 'बॉक्सर'

''कौन किसे ले जाता है?''
''ख़ुद ही देख लो, कौन किसे खींच रहा है?
भूऊँ-भूऊँ...''

''छोटे से उस पिल्ले का 'शेरू' नाम ग़लत लगता है
शेर से क्या निस्बत कुत्ते की? क्या कहते हो?''
''राम, मोहम्मद, लक्ष्मण में से कौन है जो उनसे मिलता है?
उनसे क्या निस्बत है उनकी?''

फिर एक वक़्फ़ा लेकर बोला—
''आप लोग अजीब से नाम रखा करते हो?
भगवान के और पैग़म्बरों के, अवतारों के,
और फिर कितने लम्बे-लम्बे...राम करण अवतार बजाज!''
फिर कुछ सोचा, बोला—
''अच्छा है गुलज़ार के आगे-पीछे तुम कुछ लिखते नहीं हो
हम जैसा है
इस को भी अब गुल्लू कर लो!!''

पाली–2

बड़ी मुश्किल में था
पाली को 'पाली' कह के अब कैसे बुलाऊँ?
पर्तिपाल मेरा दोस्त और पाली...
ड्राईंग रूम में हम तीन ही थे
बुलाऊँ 'पाली' और पर्तिपाल बोला तो?

पर्तिपाल ने पूछा, 'ये कुत्ता कब से पाला है?
कनखियों से मुझे पाली ने देखा
मैं पाली को कभी कुत्ता नहीं कहता
गधा कह दूँ कभी ग़ुस्से में लेकिन...
मैं बोला—
"बहुत छोटा था जब आया था...मतलब जब मैं लाया था
हथेली पर उठा लेता था—जेब में आ जाता था मेरी..."
मुझे डर था कि पाली भौंक न दे...
मगर पर्तिपाल फिर बोला—"वफ़ादारी तो कुत्तों की!?
वफ़ा के मामले में इसके जैसा जानवर कोई नहीं है।"
"क्या तुम नहीं हो?" ज़रा-सा बड़बड़ाया पाली
"हमें भी आदमी से अच्छा ख़िदमतगार अब कोई नहीं लगता।"
"मगर कुत्ते को कुत्ता देख कर, क्यूँ भौंकता है?" पर्तिपाल बोला—
"वही उनकी ज़ुबान है यार! छोड़ो!! और क्या वो उर्दू बोलेंगे?"
मगर पर्तिपाल की सुई वहीं अटकी हुई थी

"कहावत क्यों है, कुत्ता कुत्ते का बैरी?"
"वही करते हैं आदम भी!" नज़र पाली की, कुछ यूँ कह रही थी
मगर पर्तिपाल बोला :
"बड़ा मुश्किल है चौदह सुइयाँ लगवाना, कुत्ता काट ले तो!"

ज़रा-सा फुसफुसाया फिर से पाली
"हमें तुम काट लो तो मर ही जाएँ...(शर्म से शायद?)"

मैं कुछ-कुछ सटपटाने लग गया था
वो पाली सूँघ लेता है...
ज़रा-सा दुम से छू के, आँख मारी, "टेक इट इज़ी... !"

बिलाख़िर उठ गया पर्तिपाल जाने के लिए...बोला
"बड़ा कमगो है ये कुत्ता
मुझे लगता है कुछ तुम पर गया है!...नाम क्या है?"
मैंने लम्बी साँस ली, बोला :
'पर्तिपाल' लेकिन प्यार से हम पाली कहते हैं!

मेरी जाँ निकल गई थी...

मेरी जाँ निकल गई थी...
जब आधी रात आकर, तुमने मुझे जगा कर, कानों में फुसफुसा कर
इतना कहा था—आओ, हम घर से भाग जाएँ कि बर्फ़ पड़ रही है
फिर ऐसा मौसम आए न आए, भागने का

मेरी साँस रुक गई थी...
इक एयरपोर्ट पर थे, जब तुमने तमतमा कर, कानों पे हाथ रख कर,
और चीख़ कर कहा था,
''ओ स्टॉप इट गॉड, स्टॉप इट'' मेरे कोट के बटन में
आवेज़ा फँस गया था, और कान फट गया था और ख़ून बह रहा था
अब तक नहीं मैं समझा, वो किस तरह हुआ था

मैं तो मर गया था उस दिन...
जिस दिन कहा था डॉक्टर दत्ता ने उनको शक है,
कैंसर न हो कहीं वो, जो
छातियों के नीचे, चमड़ी निकल रही है...
हर्पीस[1] निकल रहा था, हर्पीस के छाले थे वो!
अच्छा किया कि हमने डॉक्टर बदल लिया था।

1. Herpees

और याद होगा तुम को...
मेरे हाथ से उबलते पानी का इक पतीला, जब फ़र्श पर गिरा था,
पेले[1] की तरह तुमने, इक लात से उछाला,
पिन्टू को दूर फेंका था फ़र्श से उठा कर
वो गोल[2] ज़िन्दगी का मैं कैसे भूल जाऊँ!
पिन्टू नहीं, हाँ पिंकी थी एक साल की थी

मैं कितने पल गिनाऊँ, किस-किस तरह से मुझ को मारा है ज़िन्दगी ने,
और कितनी बार मारा...
''मुझे क्या बुरा था मरना, अगर एक बार होता!''

1. Pele
2. Goal

डिक्लेरेशन

मैं जब लौटा वतन अपने...
यहाँ कस्टम के काउंटर पर खड़े सरकारी अफ़सर ने
मेरा सामान सब खोला...
मेरे कपड़े टटोले, मुझसे पूछा भी,
''कोई शै ग़ैरमुल्की है?
जिसका लाना ग़ैरवाजिब हो?
'बयाननामे' पे लिख के दस्तख़त कर दो!''

मैं सब कुछ ला नहीं सकता था तेरे मुल्क से लेकिन
मैं तेरी आरज़ू को रोक न पाया, चली आई
मुनासिब तो नहीं फिर भी...
'बयाननामे' पे तेरा नाम लिख के, कर दिये हैं दस्तख़त मैंने!

कितना प्रोग्राम्ड है दिल...

कितना प्रोग्राम्ड[1] है दिल...
चोट लगती है तो कुल चार मिनट रोता है
दो मिनट हँसता है, जब बॉस सुनाता है लतीफ़ा कोई
होंट खुलते हैं फ़क़त तीन ही इंच...ख़ैर से मुस्काए अगर
कोई मर जाए तो भर लेता है गहरी आहें
और मौक़े की तलब हो तो गिरा देता है गिन के आँसू
दस मिनट बाद इसे भूख भी लग जाती है
कितना होशियार है, कितना 'प्रोग्राम्ड' है ये दिल।

1. Programmed.

मोबाइल सचमुच कितना मोबाइल है

मोबाइल सचमुच कितना मोबाइल है!
इक कान पे दफ़्तर पहना है, और दूजे पर घर रक्खा है
सारे काम मैं दाएँ कान से करता हूँ
और बाक़ी घर के बाएँ से

दाएँ कान से मैनेजर ने पकड़ा खाना खाते हुए
एक ज़रूरी ख़त है सर :
गैरेज से इक फ़ोन आया फिर दाएँ कान पे...
'क्लच प्लेट सर, टूट गई है। कारबोरेटर में कचरा था।'

बाएँ कान पे बीप हुई...
बीवी से कहा कि होल्ड करो...वो न्यूयार्क से बोल रही थी।

सर जोड़ के बैठी औरतों में, जब कोई बच्चा रोए तो
छाती से लगा के उसकी माँ,
कुछ देर अलग हट जाती है
कुछ ऐसे ही मीटिंग में...
मोबाइल कान पे रख के कोई मीटिंग से उठ जाता है!

इक मैयत पर देखा, कान लगाए कोई
सरगोशी में बोल रहा था

शायद पूछ रहा हो किसी फ़रिश्ते से
गया है जो, पहुँचा कि नहीं?

एक हिदायत बार-बार इक नम्बर पर आ जाती है
आउट ऑफ़ रीच है, बाद में कोशिश कर के देखें,
ये नम्बर शायद उनका हो...बड़े मियाँ का।

ऐसा कोई शख़्स नज़र आ जाए जब

ऐसा कोई शख़्स नज़र आ जाए जब
कान पे जिस का हाथ न हो
दाएँ–बाएँ टहल–टहल के
ख़ुद ही हँसता, बोलता न हो
बिन मोबाइल ख़ाली हाथ नज़र आ जाए कोई तो
ख़्वामख़्वाह ही जाकर हाथ मिलाने को जी करता है

इस दुनिया में ख़ाली हाथ आता है इन्सां
जाता है, मोबाइल लेकर जाता है!

इस हस्पताल में...

इस हस्पताल में...
सब कुछ है, और माहिरे-फ़न डॉक्टर भी हैं
साँसें मशीन के ज़रिये चलती रहती हैं
और बोतलों में भर के ख़ून मिलता रहता है
'लीवर' भी ठीक दामों पर मुहैया होता है
आँखें बदलने के लिए, आँखों के बैंक हैं

मैं 'हार्ट बाईपास' कर रहा हूँ ऐ ख़ुदा
डॉक्टर नीतिन एक्सपर्ट है...
ऐसी शदीद तेरी ज़रूरत नहीं मगर
गर वक़्त हो, तो आना, पास बैठ,
कोई बात करेंगे!!

कितने ढाँचे 'रेडियोज़' के...

कितने ढाँचे 'रेडियोज़'[1] के, रॉबर्ट ने खोल के रक्खे हैं
जलते-बुझते बल्ब दिखाई देते हैं
उन सब की मरम्मत होनी है

कितने सारे जिस्म बिछा के रक्खे हैं इस हस्पताल में
डॉक्टर घूमते हैं औज़ार गले में डाले,
और मरीज़, मशीनों तक पहुँचाए जाते हैं
इन सब की मरम्मत होनी है!
कभी-कभी कोई बल्ब फ़्यूज़ भी हो जाता है!

---

1. Radios

रात को मेरे मन्दिर में कुछ पैरों की आवाज़ें आती हैं!

रात को मेरे मन्दिर में कुछ पैरों की आवाज़ें आती हैं
बर्तन भी बज उठते हैं,
और घंटी अपने आप ही बजने लगती है
अक्सर उठकर, बत्ती जलाकर, देखा भी,
पर...कोई नहीं

कुछ फूल गिरे आते हैं नज़र
'चरणामृत' मूर्ति के चरणों में बिखरा मिलता है
कुछ देवता शायद आते-जाते रहते हैं
या कुछ अरसे से नौकर ने
मन्दिर की सफ़ाई की ही नहीं!

एक सुबह जब इश्क़ हुआ था!

चार बजे थे सुबह के, जब इश्क़ हुआ था
एक पहाड़ से उतर रहे थे, लौट रहे थे शूटिंग से
कोहरा था, धुँधली-धुँधली सी रौशनी थी
कार की दोनों बत्तियाँ आँखें मल-मल के राह ढूँढ़ रही थीं

नींद में तुम कन्धे से फिसल के
बाँहों में जब भरने लगी थीं
मैंने अपने होंट तुम्हारे कान पे रखके फूँका था
''ऐ तू माला खूब आवड़ते...!''
नींद में भी तुम थोड़ा-सा मुस्काई थीं

वक़्त इबादत का था वो,
सच कहने की बेला थी
चार बजे के आसपास का वक़्त था वो
एक सुबह जब इश्क़ हुआ था!

बिशेश्वर नाथ जटाधारी

बिशेश्वर नाथ जटाधारी,
जब एक साल के बाद पहाड़ से नीचे उतरे
ढाबे पर आये...
काशीनाथ ने चाय लाकर दी और पूछा—
"कुछ मिला वहाँ पर बाबा?
किसके दर्शन हुए वहाँ पर?"

"ठंडी एक गुफा में धुनी रचा के ध्यान लगाया बच्चा
बर्फ़ ज़्यादा पड़ने लगी थी, लौट आए हम...
ध्यान में एक आनन्द है बालक
लग जाए तो नारायण भी मिल जाते हैं।"

"मिल जाते तो क्या करते तुम बाबा?
क्या घर ले आते?
काम कराते खेतों पर, या पूजा करते?..."
फिर बोला—
"सर्दियों की इस धूप में जो आनन्द है बाबा
नारायण मिलने में नहीं है
धूप में बैठो, चाय पियो!"

ग़ुस्सा

बूँद बराबर बौना-सा भन्नाकर लपका
पैर के अँगूठे से उछला
टख़नों से घुटनों पर आया
पेट पे कूदा
नाक पकड़ कर
फन फैला कर सर पे चढ़ गया
ग़ुस्सा!

जल्दी में कुछ मिलता नहीं

जल्दी में, कुछ मिलता नहीं
जल्दी में, कुछ भी तो नहीं मिलता
न पेन, न पैंसिल, न नेकटाई
जूते हैं सामने...मोज़े नहीं...
वो ख़त, जो रात को रक्खा था
न जाने कहाँ अब रक्खा है
मोबाइल कहाँ है?
उफ़, तस्मे बाँधना भूल गया
दरवाज़े पर याद आया—
अरे हाँ भगवान, उसको भी माथा टेकना था
अब जाने दो!
रामू...गाड़ी की चाबी...उफ़...चाबी...यू नो...!

रात ही की बात है!

रात ही की बात है—
चाँद हिल रहा था आसमान पर
पेंच ढीला था कोई
डर था गिर पड़े न आसमान से
कुर्सी खींचकर वहाँ से हट गया
व्हिस्की का गिलास भी उठा लिया!

आधी रात में मगर...
अजीब हादसा हुआ
समय गुज़र रहा था, उसका पाँव लग गया
प्लग निकल गया
और चाँद बुझ गया!

‘जहाँनुमा’ इक होटल है ना...

‘जहाँनुमा’ इक होटल है ना...
जहाँनुमा के पीछे ही टी.वी. टावर है
चाँद को उसके ऊपर चढ़ते देखा था कल

होली का दिन था
मुँह पर सारे रंग लगे थे
थोड़ी देर में ऊपर चढ़ के
टाँग पे टाँग जमा के ऐसे बैठ गया था,
होली की ख़बरों में जैसे लोग उसे भी
अब टी.वी. पर देख रहे होंगे!

पिछले कुछ अरसे से

पिछले कुछ अरसे से
मैं देख रहा था कि
मेरी इस नज़्म का भी...
मेरी ही तरह कुछ-कुछ
रंग कच्चा-सा रहता है
ख़ुराक भी गिरने लगी
आमद भी बहुत कम है
थोड़ी-सी चढ़ाई से
दम फूलने लगता है
अपने ही वज़न से अब
अल्फ़ाज़ नहीं उठते
मिसरों की महक में भी
बाँहें जब खुलती हैं
आफ़ाक़ नहीं छूतीं...
कुछ 'क्रेम्प' से पड़ते हैं
दिखलाया तबीबों को
सब टेस्ट हुए उसके
तब सारे तबीबों ने
आपस में सलाह की और
सरगोशी के लहजे में

इतना ही कहा मुझसे—
"इस नज़्म को कैंसर है
इस नज़्म के बचने की
उम्मीद बहुत कम है!"

नज़्में भी सब्ज़ी मंडी में बिकतीं तो...

नज़्में भी सब्ज़ी मंडी में बिकतीं तो कुछ और ज़्यादा बिकतीं!

ताज़ा–ताज़ा एक भाव से
स्वादी, फ़ीकी छाँटी जाएँ
छोटी–बड़ी भी लोग अपनी फ़ुर्सत के बट्टे रख के तोलते
"बस–बस, इतनी काफ़ी हैं...
इक छोटी वाली और चढ़ा दो!"

शैल्फ़ पे रख देते तो गर्द ही पढ़ती रहती
फ्रिज में रखने से...
वक़्त ज़रूरत काम आती हैं!

अजीब शौक़ चढ़ा है मसव्वरी का उसे

अजीब शौक़ चढ़ा है मसव्वरी का उसे
जो सीधे-सादे बनाता था बन्दे छोड़ दिये
जदीद तर्ज़ के अब 'क्युबीकल'[1] बनाता है

किसी की आँख के पीछे बहुत-सी आँखें हैं
नज़र मिलाए तो किस आँख से मिलाए कोई
किसी की नाक भी पेशानी पर लगा दी है
हमेशा ऊँची ही रहती है वो ज़माने से
हैं कान दोनों वहीं पर कुछ ऐसे बजते हैं
दलील जाए न अन्दर, न बात कान पड़े

अजीब लोग बनाए जदीद दौर में उसने
हर एक शख़्स अलामत में बात करता है
वही बनाए उन्हें और अब वही समझे!

---

1. Cubide

नया इंजन

लाल हरी दो झंडियों वाला...
'गार्ड' नहीं होता तो सोचो
मग़रूर ये इंजन, सर पे धुएँ का तुर्रा खींचे
कितने लोगों को अग़वा कर के ले जाता
गाड़ी में बैठी लछ्मी को
रौशन कोई शहर दिखाकर,
रात के रात ही रास्ते में अग़वा कर लेता
पकी हुई फ़सलों का लालच देकर,
अपनी किसी हवेली में ले जाता तो?

बिजली की टोपी और गॉगल्ज़ पहन लिये हैं
अब ऊँचे घर का लगता है
आवारा लगता था पहले...

लेकिन वो पगड़ी का तुर्रा और धुएँ का ऊँचा शुमला,
उस पर काफ़ी सजता था
बड़ा रोमैंटिक लगता था!

क्या वो कल्चर था?

पानी में धोके, ज़रा पोंछ के धोती से बड़ का पत्ता
ख़ैरू जब दूध-मलाई की 'बर्फ़' देता था
हाथ की पुश्त पे इक 'झुंगा' टिका देता था
क्या वो कल्चर था? या...क्या था?

ख़ाली पानी नहीं देते थे कोई आए जो घर में
गिलास के साथ डली गुड़ की रखा करते थे

जो भी पकता था कटोरी भर के
साथ के घर में कहा जाता था, 'देकर आओ'

कोई बर्तन कभी ख़ाली नहीं वापस करते
कोई छींके तो कहो, 'जीते रहो'
जीने का ढंग यही था

अब नहीं होता तो वो ठीक नहीं
रहने का ढंग था जो अब मिलता नहीं है...
वो ही कल्चर होगा!

हर बार बताती है वो लड़की...

हर बार बताती है वो लड़की...एयर होस्टेस
प्लेन को गर, पानी में उतरना पड़ जाए तो
सीट के नीचे जैकिट है
दोनों नलियाँ मुँह में लेकर, और फुलाकर...
फ़्लाइट में गर ऑक्सीजन कम हो जाए तो
मास्क हैं, अपने आप गिरेंगे, नाक पे रख के...

आग लगे तो चार द्वार हैं, बीच में दो हैं, पीछे दो और...

हर बार यही डर लगता है
गर ऐसा हुआ तो,
कितना मुश्किल होगा मरना!

ट्रैफ़िक जाम

सड़क पे लाके रक्खी हैं, हज़ारों में
कई रंगों की साबुनदानियाँ रंगीन कारों की
कई घंटों से ट्रैफ़िक जाम है, इस हाईवे पर,
और कुछ हिलता नहीं है

सरकता भी नहीं है
जम्हाई टेढ़ी दातुन की तरह अटकी हुई है कब से जबड़े में
कमर सीधी नहीं होती, बदन प्लास्टिक का लगता है
ये पाँव सूजकर टाँगों से झड़ने लग गए हैं
सभी कुछ रुक गया है
कहीं पे वक़्त का टायर कोई पंक्चर हुआ है!
कई घंटों से ट्रैफ़िक जाम है, इस हाईवे पर!

उनको 'हॉवर्ड' के अपने दिन याद आए!

उनको 'हॉवर्ड' के अपने दिन याद आए
मुझको अपने 'वाशिंगटन' के
'न्यूजर्सी' में मिला था उनसे
पहले 'कालरा' थे,
अब 'डब्ल्यू' देकर 'सी' से 'कॉलरा' (Cawlra) लिखते हैं
कल रात उन्हीं के घर पे काटी

घर की इक दीवार पे मिट्टी का इक 'टेसू' रखा था
इक 'नारियल हुक्की' और चिलम भी
और बहुत कुछ ऐसी ही चीज़ें देहात की
एक देहाती बापू की तसवीर भी थी
भूल नहीं पाये वो हिन्दुस्तान कभी!

बोले, "बचपन में ये लेकर हम—ये टेसू...
गुड़ मंडी और राम बज़ार, दसहेरा माँगा करते थे
'लोहड़ी' पर घर-घर से, चीरी लकड़ी माँग के लाते थे
याद नहीं आता अब लोहड़ी कौन से 'मंथ' में पड़ती है
और दसहेरा, गा के माँगना—ओह माई गॉड...
मेरा टेसू यहीं अड़ा
खाने को माँगे दही बड़ा

दही–बड़ा एंड समथिंग...समथिंग...
आई वंडर सम टाइम...कौन था टेसू?''

फिर घूँट लिया और बोले—
''ये टेसू तो अड़ गया आके अमरीका में!''
हँसे ज़ोर से, ''अच्छा, लास्ट दही–बड़ा कब खाया आपने?
यहाँ ये हंड्रेड–नाइन स्ट्रीट में...
इक इंडियन रेस्त्रां है
वहाँ पे मिलता है
सरदार है, एंड यू नो...थर्ड जेनरेशन है...स्पीक्स पंजाबी अब तक!''

'शेवाज़ रीगल' पीते–पीते
सारी रात अंग्रेज़ी में...
कल हिन्दुस्तान को याद किया!
हिन्दुस्तान बहुत ज़ोर से याद आया!

Alcoholic

जब तक भरी रहे बोतल
शोरश और तलातम रहता है उसमें
उसको ख़ाली करो तभी ये साफ़ और सुथरी दिखती है
हर बोतल की तह में देखो कितनी शान्ति रक्खी है
आओ ना इसको ख़ाली करें!

शराब पीने से...

शराब पीने से कुछ तो फ़र्क़ पड़ता है, ये लगता है!

ज़रा-सी वक़्त की रफ़्तार धीमी होने लगती है
गटागट पल निगलने की कोई जल्दी नहीं होती
ख़्यालों के लिए 'चेक-पोस्ट' कम आते हैं रस्ते में
जिधर देखो, उधर पाँव तले हरियाली दिखती है
क़दम रखो तो काई है
फिसलते हैं, सँभलते हैं
जिसे कुछ लोग अक्सर डगमगाना कहने लगते हैं
शराब पीकर, जो ख़ुद से भी नहीं कहते
वो कह देते हैं लोगों को
सन्द कर देते हैं वो नज़्म कहकर!

ये गंजा जो मेरे सामने है लाईन में

ये गंजा जो मेरे सामने है लाईन में
उसके सर पे एक ही मक्खी देर से खेल रही है
उड़ती है और फिर से गोलकीपर की तरह, वो वहीं पे आकर बैठती है
जी करता है उसके सर पे, चपत जमाकर मक्खी मार दूँ!

गाली देगा...या वो चपत जमाएगा
या पूछेगा—
"क्या तेरी मक्खी है?"
या फिर...
"मेरी टाँट है, मेरी मक्खी, तुझको क्या?"

बोरिंग लम्बी लाईन में...
जब खड़े-खड़े मक्खियाँ मार रहे हों तो
ऐसा ही कुछ होता है!

मुझे इक शख़्स के गाँव में जाना है...

मुझे इक शख़्स के गाँव में जाना है
वहाँ पर ट्रेन जाती है...
वहाँ पर पाँव-पाँव चल के गलियों में
पता करना है वो रहता कहाँ है?

वो जब भी घर से निकलेगा
मैं पीछे-पीछे जाऊँगा
उसे रोकूँगा सब के सामने, मैं चौक पर जाकर
और उसके मुँह पे इक ज़न्नाटे का थप्पड़ जमा दूँगा

मेरा नौकर था...
उसने चोरी की थी
रँगे हाथों उसे पकड़ा था मैंने
वो सब के सामने गंदी सी गाली दे के मुझको, भाग आया था
मेरी तालीम गूँगी रह गई थी
मेरी तहज़ीब ने बाँहें पकड़ ली थीं...
अभी तक वो शराफ़त, उँगलियों में जल रही है
मुझे उस शख़्स के गाँव में जाना है!

बड़ा अच्छा लगा मिल कर...

बड़ा अच्छा लगा मिल कर
मेरी मद्दाह थी, इक फ़ैन थी मेरी
वो मेरी शायरी की ख़ूबियाँ पहचानती थी
मेरे मिसरे, मेरी तश्बीहें, उसके दिल को छूती थीं
मुझे मिल कर अचानक बौखलाने लग गई थी
बड़ी नर्वस हँसी हँसकर कहा—
"मुझे डर है मैं अपना नाम ही न भूल जाऊँ!"
बग़लगीर होके मोबाइल पे इक तस्वीर भी ली...
गई तो नाम लेकर 'शुक्रिया' कहकर गई वो...
वो मेरा नाम न था!

हमेशा से यही डर था...
कि वो कमबख़्त मुझसे अच्छा लिखता है!

'फ़ैन'

मुझे कुछ लोग मिलते हैं
नज़र आँखों से उठकर पास आती है
ज़रा-सा हिचकिचाता हाथ हिलता है
घुली आवाज़ में जब नाम लेते हैं
किसी बिछड़ी हुई पहचान का एहसास होता है
'पेडेस्टल' पे मुझे रखकर
वो मेरी बातें करते हैं...!

मेरी कुछ ख़ूबियाँ, कमख़्वाब के कपड़े से चमका कर
दिखाते हैं...मुझे हैरान करते हैं
मुझे इक फ़्रेम पहना कर, मेरी तस्वीर की तारीफ़ करते हैं
उन्हें मैं जानता हूँ,
वो मेरे 'फ़ैन' लगते हैं!
बड़े मासूम बन्दे हैं!!

पहले भी इक ऐसा ही कुत्ता था...

पहले भी इक ऐसा ही कुत्ता था मेरे घर में...'कालू'!
काला सियाह
माथे पर, दोनों आँखों के बीच में टीका,
एक, सफ़ेदी का
मेरे घर आने पर दुम हिलाता दौड़ आता था
दारू सूँघ के मेरे मुँह से
जीब से चाट के...
दोनों पाँव कंधों पर रखकर मिलता था
सुबह निकलते वक़्त मगर वो भौंकता था
कुछ कहता था...
वो गुज़र गया तो कुछ दिन दारू छूट गई थी

फिर एक और छोटा-सा 'कालू' उसी नस्ल का
ले आया है ड्राइवर मेरा...

वैसा ही वो काला भुजंग
दो आँखों के बीच में टीका एक, सफ़ेदी का
वैसे ही घर आने पर,
दुम हिलाता दौड़ आता है...

गोद में चढ़ जाता है
दारू सूँघता है।

इंसान का हो न हो लेकिन...
कुत्तों के 'आवागमन' में मुझको पूरा यक़ीं है!

इतवार

हर इतवार यही लगता है
देर से आँख खुली है मेरी,
या सूरज जल्दी निकला है
जागते ही मैं थोड़ी देर को हैरां-सा रह जाता हूँ
बच्चों की आवाज़ें हैं न बस का शोर
गिरजे का घंटा क्यों इतनी देर से बजता जाता है
क्या आग लगी है?

चाय... ?
चाय नहीं पूछी 'आया' ने?
उठते-उठते देखता हूँ जब,
आज अख़बार की रद्दी कुछ ज़्यादा है
और अख़बार के ख़ोंचे में रक्खी ख़बरों से
गर्म धुआँ कुछ कम उठता है...
याद आता है...
अफ़्फ़ो! आज इतवार का दिन है। छुट्टी है!
ट्रेन में रोज़ अख़बार के पढ़ने की कुछ ऐसी हुई है आदत
ठहरीं सतरें भी अख़बार की, हिल-हिल के पढ़नी पड़ती हैं!

उम्र के साथ मेरी याद भी कमज़ोर हुई

उम्र के साथ मेरी याद भी कमज़ोर हुई
याद आती हो मगर चेहरा दिखायी नहीं देता
एक धुँधलाया हुआ शीशा नज़र आता है!

सोच में कुछ–कुछ महकती है तेरे जिस्म की ख़ुशबू
ज़ाफ़रानी कि, अनाबी...वो तेरा उपल ओवर
तुम को हर बार सुनाया था वही 'बद्र' का शेर
दूसरा पहने तो...दूसरा या दूजा लगे

अब तो मिसरे भी थिड़क जाते हैं लब पे आकर
जो नहीं भूलता, इक तेरा दर्द है
वो जाता नहीं!

काट ली किसी ने और किसी ने रख भी ली!

काट ली किसी ने और किसी ने रख भी ली
दाढ़ी-मूँछ सब पे आती है
शायरी कुछ ऐसी चीज़ है
गीत की तरह कहीं उगी हुई
साफ़-सुथरी मूँछ इक ग़ज़ल के मतले की तरह
मसनवी बढ़ी हुई कहीं पे झूलती है चौड़े सीने पर
लम्बी क़लमों से लिखे क़सीदे, ठोड़ियों पे और गालों पर
थोड़ी-थोड़ी घास की तरह,
कहीं-कहीं पे कुछ आज़ाद नज़्म की तरह
शायरी सभी पे आती है!

स्कूल तक रही कभी
कॉलेजों के इर्द-गिर्द तक रखी किसी-किसी ने
और फिर वो काट दी या...कट गई
'एंड' ख़ुशगवार था तो कट गई
ग़मज़दा रहे तो ठंडी-ठंडी साँसों की
रूबाइयाँ, क़तअे, कभी-कभी
आह भर के मक़ता कह लिया कभी
चिढ़ गई कभी तो मतला हो गया

चेहरे पर मुँहासे कम हुए तो
शेव करते-करते
शायरी चली गई—
शायरी भी सब पे आती है!

फ़रवरी

ये मुर्ग़ी महीना है!
ये मुर्ग़ी...दो पाँव पे बैठे-बैठे
परों के नीचे जाने कब अंडा देती है
सेती रहती है
चार साल सूरज के गिर्द ये, बैठे-बैठे, गर्दिश करती है
तब एक चूज़ा पैदा होता है इसका

इस साल उनतीस दिन हैं फ़रवरी के
मुर्ग़ी महीना फ़रवरी का है!

सड़क पे, अपने पैरों पर हों...

सड़क पे[1], अपने पैरों पर हों, पहियों पर, या अरथी पर
हुजूम इतना है, ट्रैफ़िक है, ये डर रहता है, हरदम
कहीं टकरा नहीं जाएँ...
अगर अरथी पे हों तो दोस्तों को ख़ौफ़ रहता है
किसी खम्बे से टकराकर ये मुर्दा जाग न जाए
कि पिछली बार ऐसा ही हुआ था...
वो उसके बाद फिर चालीस बरस ज़िन्दा रही थीं
दोबारा इन्तक़ाल उनका हुआ जब...
मियाँ ने...एहतियातन कह दिया था
बचाकर खम्बों से भैया—
सड़क पर भीड़ है, ट्रैफ़िक बहुत है!

1. On way to Dombivali!

चलो अच्छा हुआ, आख़िर, गई बारिश...

चलो अच्छा हुआ, आख़िर, गई बारिश
ये झीलें भर गईं अपनी जो भरनी थीं
नहीं तो लाले पड़ जाते नहाने के
गली के पेड़ों को धोकर गई,
सारे अटे रहते थे मिट्टी से
सभी परनाले, नाले, खोल कर,
लेकर गई कचरा, बहा कर
जगह कर के गई है साल-भर की
उखाड़ीं सड़कें, उधड़ी-सी जो रहती थीं
नई बन जाएँगी अब के, असम्बली के इलेक्शन हैं

ज़रा राहत मिलेगी मच्छरों से
न छत टपकेगी और न रात-भर बर्तन बजेंगे
मकां मालिक के मुँह भी कम लगेंगे
कई ख़र्चे टले हैं साल-भर के
कि छत्तीस छेद कर डाले थे छतरी में
चलो अच्छा हुआ, आख़िर, गई बारिश!

इश्तेहारों का शहर है शायद

इश्तेहारों का शहर है शायद,
इसमें सिर्फ़ इश्तेहार रहते हैं!

आसमाँ में टँगे ग़ुबारों पर,
साहिलों पर भी, टीलों पे, पानी में,
जगमगाती दराज़ सड़कों पर,
खम्बों पर और बस के अड्डों पर,
बस की टिकटों पे, और कारों में,
हर जगह इश्तेहार चिपके हैं!

जींज़ पर, और क़मीज़ों पर,
सीने पर और पुश्त के ऊपर
प्लेटों, प्यालों पे और गिलासों पर,
आँख पर, होंठों और गालों पर
सब जगह इश्तेहार चिपके हैं।

देखो उस आदमी ने मुँह खोला,
जीभ नंगी है, गोंद से आओ,
उस पे भी इश्तेहार चिपका दें!!

हाईटेक इलेक्शन

सुना है इस इलेक्शन में...
हमें फ़िल्टर मिलेंगे ताकि पानी साफ़ करके पी सकें हम
हमारे झोंपड़ों की छत पे भी,
वो कह गए हैं,
'टीन' की चादर पे 'एंटीना' लगा देंगे
बहुत पाला पड़ा अबके, तो कम्बल की जगह 'हीटर' मिलेंगे
मसाले हैं अगर घर में तो क़िस्तों पर हमें 'मिक्सी' मिलेगी
फ़क़त बिजली का वादा ही नहीं करते!

वो हमसे मसख़री करते हैं, कहते हैं
कहीं बेटी न हो फिर से
तुम्हारी जब भी नसबन्दी कराएँगे
तो 'ट्रांजिस्टर' नहीं अब के तो मोबाइल दिलाएँगे
ये हाईटेक इलेक्शन है!!

कहा गया है कैबिनेट के सब वज़ीर

कहा गया है कैबिनेट के सब वज़ीर अपने-अपने राज़ीनामे भेज दें
वज़ारतें बदल के सबको, फिर से बाँटी जाएँगी।

हमारी दादी भी लिहाफ़ का ग़िलाफ़
जब भी मैला होता था,
सारे टाँके खोलकर,
उलट के कपड़ा, फिर से उसको सीती थीं!

मुहाफ़िज़ हूँ मैं अपनी सरहदों का!

मुहाफ़िज़ हूँ मैं अपनी सरहदों का
कोई मेरी ज़मीं पर पाँव रखे तो, मैं उसको भून देता हूँ
मैं अपनी सरज़मीं का पासबाँ हूँ!
अगर दुश्मन कोई गोली चलाए तो
मेरे सीने से गुज़रेगी तो पार होगी वो सरहद से
मैं उस गोली को अपने देश की मिट्‌टी पे गिरने भी नहीं दूँगा।

मेरी सरकार मुझको...इसलिए...
टैक्स सारे कट–कटा के
दस हज़ार और तीन सौ पैंतीस रुपए हर माह देती है।

मुझको इतने से काम पे रख लो

मुझको इतने से काम पे रख लो
जब भी सीने में झूलता लॉकेट
उलटा हो जाए तो मैं हाथों से
सीधा करता रहूँ उसको

जब भी आवेज़ा[1] उलझे बालों में
मुस्करा के बस इतना सा कह दो
'आह, चुभता है यह, अलग कर दो।'

जब ग़रारे में पाँव फँस जाए
या दुपट्टा किसी किवाड़ से अटके
इक नज़र देख लो तो काफ़ी है

'प्लीज़' कह दो तो अच्छा है
लेकिन मुस्कराने की शर्त पक्की है
मुस्कराहट मुआवज़ा है मेरा

मुझ को इतने से काम पे रख लो!

---

1. कान का कुंडल

तुमसे जब बात नहीं होती

तुमसे जब बात नहीं होती किसी दिन 'जानम'
ऐसे चुपचाप गुज़रता है यह सुनसान-सा दिन
एक सीधी सी बड़ी लम्बी सड़क पे जैसे
साथ-साथ चलता हुआ, रूठा हुआ दोस्त कोई
मुँह फुलाए हुए, नाराज़ सा, ख़ामोश, उदास

और जब मिलता हूँ हँस पड़ता है यह रूठा हुआ दिन
गुदगुदाकर मुझे कहता है, 'कहो, कैसे हो यार!'

किसने पनघट पे उड़ाई हैं

किसने पनघट पे उड़ाई हैं ये बातें 'जानम'
किसने पनघट पे बताया है कि हम रात को जब
चाँद पिछवाड़े की मसजिद का मिनारा छू ले
और चौपाल पे सो जाए वह पगला ख़ैरू
धान की कच्ची मुँडेरों से गुज़रकर दोनों
रोज़ मिलते हैं इसी कुएँ के पीछे आकर

हाँ, उसी पाजी ने ये बातें उड़ाई होंगी
रात-दिन पानी में टर-टर जो किया करता है
गिर के कुएँ में भी कमबख़्त की आदत न गई!

रात का उतरना

खोली जाएगी चिलमनों से रात
खिड़कियों से उतारी जाएगी
छत की सूनी मुँडेर से उठकर
रात ज़ीने से नीचे आएगी
और सो जाएगी यह बिस्तर पे

आज की रात एक फ़रवरी की है
दो को बम्बई लौटेगी 'जानू'!

आप से तुम से, तू पे यूँ आए

आप से तुम से, तू पे यूँ आए
जैसे दफ़्तर से, घर पे, बिस्तर में

कोट नेकटाई खोलकर मोज़े
ऐसे लेटे पसार के पाँव
जैसे किसी भी दफ़्तर में
लौटकर अब नहीं जाना!

फ़िल्म फ़ैस्टीवल

फ़िल्म का मेला और तरह का मेला है!
इस मेले में बहुत अकेले आपस में मिल जाते हैं
फिर मिल के अकेले बैठते हैं।

सेवंटी एम.एम. के कुछ लक़्क़े[1]
ऐट एम.एम. के ऊँचे शुमले
सब ही पंजों पर चलते हैं
अपने क़द से थोड़ा-सा क़द और निकाले
आँखों में बस 'फ़्लोरोसेंट' का सुरमा डाले
एक इक चेहरा एक इक फ़िल्म का टाइटल है
हर कोई अपने मेहवर पर घूमता-घूमता चलता है
सूरज भी ख़ुद और ज़मीं भी
अपने आप में सब के सब ही
पूरे सोलर सिस्टम हैं

इस मेले के अन्दर भी कुछ मेले होते रहते हैं
एक अँधेरे कमरे में कुछ जौहरी बैठे
मोटे-मोटे लेंस लगाए
काँच पे पत्थर मार-मार के किरचें चुनते रहते हैं

1. कबूतर

चुभ जाता है जब कोई टुकड़ा
और लहू की फूटती है जब कोई लकीर
ख़ुश होते हैं...खिल उठते हैं
दरज़ी की क़ैंची से सब अख़बारों वाले
अपने-अपने कॉलम काटते रहते हैं
लो-कट...
हाईनैक...

पॉपलर पोस्टर...

पॉपलर पोस्टर...
काफ़ी हाउस के सारे कप
गर्दन मुंडी जोड़ के बैठे रहते हैं।

रात को पूरा होता है जब मेले[1] का दिन
आँखें मलते–मलते हॉल से बाहर आते हैं
और फिर हैरत से कहते हैं
"दिन कब ग़ुजरा?...निकल गया?"

1. Film Festival

बहुत से मसले लेकर गया था...

बहुत से मसले लेकर गया था मैं बड़े नेता की मीटिंग में
वही सब हल करेंगे!
हमारी चाल में पानी का प्रॉब्लम है
मेरे बच्चे की फ़ीस और दाख़ले का एक मसला है
उसे दाख़िल कराने के लिए फ़ंड देना पड़ता है
हमारी औरतें डब्बे उठाए, हाईवे के पार जाकर बैठती हैं,
हमें तो शर्म आती है।

बड़े नेता ने समझाया, ''करप्शन और भ्रष्टाचार से हमको
ये सिस्टम साफ़ करना है।
डेमोक्रेसी हमारी प्लास्टिक है,
आर्टिकल नम्बर फ़लाना चेंज करना है
हमें जब तक हमारे हक़ नहीं मिलते
लड़ाई लड़ते रहना है
हमारे साथ रहना तुम!''

मैं लौट आया...
समझ आया नहीं कि कौन किसके मसलों को हल करेगा!!

जलसा : A Monologue

बहुत बड़ा जलसा लगता है,
जी.टी. रोड से भी लम्बी तक़रीर करेगा!
कित्ती देर से बोल रहा है, लेकिन लोग भरे जाते हैं, जैसे
बेकारों की मंडी लगी हुई है
आलुओं की जब बोरियाँ खुलती हैं मंडी में,
यूँ ही लुढ़क-लुढ़क कर आलू सारी गालें भर देते हैं।

''पिछले वर्ग के लोगों को आगे लाकर हम...''

ताँगा जोतोगे क्या हम पर?...अमाँ छोड़ो...
मर्ज़ी से सब आगे-पीछे कर लेते हो।

''आप का और ज़्यादा वक़्त न लेते हुए मैं...''

नहीं...ज़्यादा वक़्त कहाँ? आधी सदी ही गुज़री है
जब ये भाषण शुरू हुआ था।
हिन्दुस्तान तो गन्ना है,
ये छील-छील के खाते रहो,
पीढ़ी-दर-पीढ़ी, ख़त्म न होगा।

''मुड़ के देखें हम अपने इतिहास को, लोगो...''

देखा था भई, गर्दन मचक गई थी मेरी,
दादा पड़दादा तक देखा, उससे आगे
पता नहीं, हम थे कि नहीं... ?
शाहों का ज़िक्र तो मिलता है
हम लोगों का ज़िक्र कहाँ है... ?
सब नंगे बदन ही दिखते हैं शाहों को पालकी में ले जाते
आगे-पीछे दौड़ते नंगे पाँव...
उससे पहले, उनका शिकार हुआ करता था अफ़्रीका के जंगलों में
सुना है बिक्री भी होते थे...
मंच पे बैठे किस इतिहास को देख रहे हो ?
शायद हम दोनों के दो इतिहास हैं, दोनों अलग-अलग हैं !

''आप से वादा करते हैं हम, जितनी देर इस कुर्सी पर हैं...''

कुर्सी से मत उठना दोस्त। भरोसा क्या है, कौन आ बैठे
और वसीयत में भी अपनी आख़िरी ख़्वाहिश लिख कर जाना।
कुर्सी पर बिठला के चन्दन की लकड़ी से चिता बनाएँ
दफ़न करें तो क़ब्र में भी कुर्सी लगवा के दफ़न करें !
हँसते क्या हो ? तुमको क्या मालूम कि मैं क्या सोच रहा हूँ ?

''भूख, ग़रीबी और बेकारी, जब तक ख़त्म नहीं होती हम...''

क्यूँ चिन्ता करते हो प्यारे ?
हमने ख़ुद ही कुछ न किया तो, तुम भी आख़िर...क्या कर लोगे ?...
राज़ की बात तो ये है भाई ! भूख लगी है
ट्रक में भर के लाए थे जो लोग तुम्हारी पार्टी के,
उन लोगों ने वादा किया था, पन्द्रह परसंट काट के पूरे
एक सौ देंगे। और ऊपर से...
जाने दो अब ! भूख लगी है, यार अब जलसा ख़त्म करो !!

✪

गुलज़ार

गीत–संग्रह

गुलज़ार के गीत
छैंया–छैंया
मेरा कुछ सामान
गुनगुनाइए

नज़्म

कुछ और नज़्में

नाटक

खराशें
आस–पड़ोस
पाँसा
अरे...ओ 'हेनरी

गुलज़ार

मंज़रनामा

कोशिश
लेकिन
अचानक
नमकीन
किनारा
किताब
मौसम
माचिस
न्यू देहली टाइम्स
अंगूर
परिचय
इजाज़त
मासूम
मीरा
खुशबू
आँधी
मेरे अपने
हू तू तू
लिबास
रजनीगंधा

गुलज़ार

बातचीत

बोसकीयाना
जिया जले

बाल-साहित्य

बोसकी
बोसकी का पंचतंत्र
बोसकी के ताल-पाताल
बोसकी की सुनाली
बोसकी का कौआनामा
बोसकी की गप्पें
बोसकी की गिनती
बोसकी के ब्राह्मण
बोसकी के धनवान
बोसकी के कप्तान चाचा